www.ingramcontent.com/pod-product-compliance
Lightning Source LLC
LaVergne TN
LVHW010423070526
838199LV00064B/5394
9789358724523

خواتینِ اسلام

(مضامین)

مولانا وحید الدین خان

© Maulana Wahiduddin Khan

Khawateen-e-Islam (Essays)
by: Maulana Wahiduddin Khan
Edition: April '2024
Publisher :
Taemeer Publications LLC (Michigan, USA / Hyderabad, India)

ISBN 978-93-5872-452-3

مصنف یا ناشر کی پیشگی اجازت کے بغیر اس کتاب کا کوئی بھی حصہ کسی بھی شکل میں بشمول ویب سائٹ پر اَپ لوڈنگ کے لیے استعمال نہ کیا جائے۔ نیز اس کتاب پر کسی بھی قسم کے تنازع کو نمٹانے کا اختیار صرف حیدرآباد (تلنگانہ) کی عدلیہ کو ہو گا۔

©مولانا وحید الدین خان

کتاب	:	**خواتینِ اسلام** (مضامین)
مصنف	:	**مولانا وحید الدین خان**
پروف ریڈنگ / تدوین	:	اعجاز عبید
صنف	:	غیر افسانوی نثر
ناشر	:	تعمیر پبلی کیشنز (حیدرآباد، انڈیا)
سالِ اشاعت	:	۲۰۲۴ء
صفحات	:	۳۲
سرورق ڈیزائن	:	تعمیر ویب ڈیزائن

فہرست

	ابتدائیہ	6
(۱)	دوخواتین	8
(۲)	بہترین رفیقہ حیات	11
(۳)	کامل آزادی	13
(۴)	تقسیم کار	15
(۵)	علم اور خاتون	18
(۶)	اسلامی حوصلہ	20
(۷)	جنت کے لیے صبر	22
(۸)	میدان عمل	23
(۹)	عورت کا مقام	26
(۱۰)	عورت ہر میدان میں	27
(۱۱)	خدا کی مدد	30

ابتدائیہ

اسلام کی تاریخ خواتین کے اعلیٰ واقعات سے بھری ہوئی ہے۔ یہ واقعات بتاتے ہیں کہ خواتین کو اسلامی معاشرہ میں کتنا اونچا مقام حاصل ہے۔ اور انھوں نے اسلام کے دائرہ میں رہ کر کتنے بڑے بڑے کارنامے انجام دیے ہیں۔

رسول اللہ صلی اللہ علیہ وسلم کی اہلیہ عائشہ بنت ابی بکرؓ نہایت ذہین خاتون تھیں۔ ان کی ذہانت اسلام میں آ کر نہ ضائع ہوئی اور نہ غیر استعمال شدہ رہ گئی۔ بلکہ اس نے اپنے استعمال کا نہایت اعلیٰ اور وسیع میدان پالیا۔ وہ رسول اللہ صلی اللہ علیہ وسلم کے مقابلہ میں کافی کم عمر تھیں اس بنا پر آپ کی وفات کے بعد تقریباً نصف صدی تک دنیا میں رہیں اور اس پوری امت میں امت کے لیے دین کو جاننے کا مستند ذریعہ بنی رہیں۔

حضرت عائشہ کی روایتوں کی تعداد ۲۲۱۰ تک شمار کی گئی ہے۔ وہ رسول اللہ صلی اللہ علیہ وسلم کی گفتگوؤں اور تقریروں کو نہایت صحت کے ساتھ اپنے ذہن میں محفوظ کر لیتی تھیں اور ان سے مسائل اخذ کرنے کی غیر معمولی صلاحیت رکھتی تھیں۔ کہا جاتا ہے کہ شرعی احکام کا تقریباً چوتھائی حصہ حضرت عائشہؓ سے منقول ہے۔ آپ کا علم اور تفقہ اس قدر مسلّم تھا کہ صحابہ کے درمیان جب کسی معاملہ میں سوال پیدا ہوتا تو وہ حضرت عائشہؓ سے دریافت کرتے۔ حضرت ابو موسیٰ اشعریؓ کہتے ہیں کہ ہم لوگوں کو جب بھی کسی حدیث میں اشکال پیش آتا تو ہم عائشہؓ سے رجوع کرتے، ان کے یہاں ضرور اس کے

متعلق ہم کو کوئی علم مل جاتا

(ما اشکل علینا اصحاب رسول اللہ صلی اللہ علیہ وسلم حدث قط فسألنا عائشۃ الا وجدنا عندہا منہ علما. اخرجہ الترمذی)

اس قسم کی باتوں کی اصل اہمیت یہ نہیں ہے کہ وہ اسلامی تاریخ کی ایک معزز خاتون کی فضیلت کو بتاتی ہیں۔ ان کی اصل اہمیت یہ ہے کہ ان سے معلوم ہوتا ہے کہ اسلام میں عورتوں کو کتنا بلند درجہ دیا گیا ہے اور ان کی صلاحیتوں کے اظہار کے لیے اسلام میں کتنا وسیع میدان کھلا ہوا ہے۔ حقیقت یہ ہے کہ اس طرح کے واقعات اسلام کے امتیاز کو بتا رہے ہیں نہ کہ محض کسی ایک شخص کے ذاتی امتیاز کو۔

اسلام نے حضرت عائشہؓ کی صلاحیتوں کو اس حد تک ترقی دی کہ انھوں نے اہم سیاسی اور سماجی خدمات انجام دیں۔ انسائیکلوپیڈیا برٹانیکا (۱۹۸۴) میں ان کی خدمات کا اعتراف ان الفاظ میں کیا گیا ہے:

Aisha, the third wife of the Prophet Muhammad, who played a role of some political importance after the Prophet's death(1/167)

"عائشہ جو پیغمبر محمد (صلی اللہ علیہ وسلم کی تیسری اہلیہ تھیں، انہوں نے پیغمبر کی وفات کے بعد کچھ ایسے رول ادا کیے جو سیاسی اہمیت رکھنے والے تھے۔)"

یہاں خواتین اسلام کے سلسلہ میں چند واقعات نقل کیے جاتے ہیں۔

***

دو خواتین

روی البخاری و مسلم ان علی اسمع رسول اللہ صلی اللہ علیہ و سلم یقول: خیر نسائہا مریم بنت عمران و خیر نسائہا خدیجۃ بنت خویلد.

"بخاری و مسلم نے حضرت علی سے روایت کیا ہے کہ انہوں نے رسول اللہ صلی اللہ علیہ و سلم کو یہ کہتے ہوئے سنا: ان کی سب سے بہتر خاتون مریم بنت عمران تھیں اور ان کی سب سے بہتر خاتون خدیجہ بنت خولید ہیں۔"

فتح الباری میں طیبی کا یہ قول نقل کیا گیا ہے کہ

'الضمیر الاول راجع الی الامۃ التی کانت فیہا مریم والثانی الی ہذہ الامۃ'۔

یعنی حدیث کا مطلب یہ ہے کہ حضرت مریم امت یہود کی سب سے بہتر خاتون تھیں اور حضرت خدیجہؓ امت مسلمہ کی سب سے بہتر خاتون ہیں۔

یہ افضلیت کیوں تھی، اس پر مندرجہ ذیل دو احادیث سے روشنی پڑتی ہے:

روی البخاری و مسلم عن عائشۃ انہا قالت: ماغرت علی نساء النبی صلی اللہ علیہ و سلم الا علی خدیجۃ، وان لم ادرکہا، قالت: وکان رسول اللہ صلی اللہ علیہ و سلم اذا ذبح الشاۃ فیقول ارسلوا بہا الی اصدقاء خدیجۃ، قالت فاغضبتہ یوما فقلت، خدیجۃ: فقال رسول اللہ صلی اللہ علیہ و سلم انی قد رزقت حبہا.

"حضرت عائشہ کہتی ہیں کہ رسول اللہ صلی اللہ علیہ و سلم کی بیویوں میں مجھے خدیجہؓ کے سوا کسی کے اوپر غیرت نہیں آئی۔ حالانکہ میں نے ان کا زمانہ نہیں پایا۔ حضرت

عائشہ نے کہا کہ رسول اللہ صلی اللہ علیہ وسلم جب بکری ذبح کرتے تو فرماتے کہ اس میں سے خدیجہ کی دوستوں کو بھیج دو۔ وہ کہتی ہیں کہ ایک روز مجھے اس پر غصہ آگیا اور میں نے کہا: خدیجہ! رسول اللہ صلی اللہ علیہ وسلم نے فرمایا: خدیجہ کی محبت مجھے پلادی گئی ہے۔"

روی احمد والطبرانی من طریق مسروق عن عائشۃ قالت: کان رسول اللہ صلی اللہ علیہ وسلم لایکاد یخرج من البیت حتی یذکر خدیجۃ فیحسن الثناء علیہا فذکرہا یوما من الایام فاخذتنی الغیرۃ فقلت ہل کانت الا عجوزا قد ابدلک اللہ خیرا منہا. فغضب ثم قال لا واللہ ما ابدلنی اللہ خیرا منہا. آمنت اذ کفر الناس وصدقتنی اذ کذبنی الناس وواستنی بمالہا اذ حرمنی الناس ورزقنی اللہ منہا الولد دون غیرہا من النساء.

"حضرت عائشہ کہتی ہیں کہ رسول اللہ صلی اللہ علیہ وسلم خدیجہؓ کی تعریف کیے بغیر گھر سے نہ نکلتے تھے۔ ایک روز آپ نے خدیجہؓ کا ذکر فرمایا تو مجھے غیرت آگئی۔ میں نے کہا وہ ایک بڑھیا ہی تو تھیں اور اللہ نے اس کے بدلے آپ کو زیادہ بہتر دے دیا ہے۔ آپ غضب ناک ہو گئے اور فرمایا: خدا کی قسم، نہیں خدا نے مجھے خدیجہ سے بہتر نہیں دیا۔ وہ ایمان لائیں جب کہ لوگوں نے انکار کیا۔ انہوں نے میری تصدیق کی جب کہ لوگوں نے مجھے جھٹلا دیا۔ انہوں نے اپنے مال سے میری مدد کی جب کہ لوگوں نے مجھے محروم کیا۔ اور اللہ نے مجھے ان سے اولاد دی جو دوسری بیویوں سے نہ دی۔"

حضرت مریم اور حضرت خدیجہ کو تاریخ کی معیاری خواتین کی حیثیت کیوں حاصل ہے۔ اس کی وجہ یہ ہے کہ انہوں نے اپنے آپ کو ہمہ تن اللہ کے حوالے کر دیا۔ انہوں نے اپنی مرضی کو خدا کی مرضی میں ملا دیا۔

یہود کے آخری زمانہ میں ایک ایسی خاتون درکار تھیں جو حضرت مسیح جیسے معجزاتی پیغمبر کی ماں بن سکیں۔ اللہ تعالیٰ کا یہ منصوبہ تھا کہ وہ قوم یہود کے آخری پیغمبر کو باپ کے

بغیر پیدا کرے۔ اس مقصد کے لیے ایسی خاتون درکار تھیں جن کی عصمت اور پاکبازی اتنی مسلم ہو کہ کسی کو ان کے بارہ میں ادنیٰ شبہ کی گنجائش نہ رہے۔ حضرت مریم نے اپنی غیر معمولی زندگی سے اس کا ثبوت دیا۔ اس لیے وہ حضرت مسیح کی ماں بنائے جانے کے لیے چن لی گئیں۔

اسی طرح آخری رسول کے حالات کے اعتبار سے ان کو ایسی خاتون کی ضرورت تھی جو اپنی زندگی اور اپنا اثاثہ پوری طرح پیغمبر کے حوالے کر دیں اور کبھی کسی بات پر شکایت نہ کریں۔ حضرت خدیجہؓ کے امتیازی اوصاف کی بنا پر خدا نے ان کو اس خدمت خاص کے لیے چن لیا۔ انہوں نے اپنی زندگی، اپنا اثاثہ، اپنا آرام وراحت، سب کچھ پیغمبر خدا کے لیے وقف کر دیا۔ سخت ترین مصائب کے باوجود کبھی اف نہ کیا۔ ان کی انہیں خصوصیات نے انہیں خدا کی نظر میں اس قابل بنایا کہ وہ پیغمبر آخر الزماں کی رفیقۂ حیات بنیں۔

اسلام کے مشن کے لیے ہر دور میں ایسی عورتوں اور ایسے مردوں کی ضرورت ہوتی ہے جو موجودہ امتحانی دنیا میں زیر عمل لائے جانے والی خدائی منصوبہ میں اپنے آپ کو شامل کریں۔ جو خدا کے کاگ میں اپنا کاگ ملائیں۔ اس میں شک نہیں کہ یہ بے حد صبر آزما عمل ہے، مگر اس میں بھی شک نہیں کہ اس کا اجر بہت زیادہ ہے۔ یہ وہ چیز ہے جس کو قرآن میں خدا کی مدد کرنا کہا گیا ہے۔ پھر جس کو خدا اپنا مددگار ہونے کا اعزاز بخشے اس کے فضل وکمال کا کیا ٹھکانا۔

***

بہترین رفیقہ حیات

حضرت خدیجہ بنت خویلد رسول اللہ صلی اللہ علیہ وسلم کی پہلی اہلیہ تھیں۔ جب رسول اللہ صلی اللہ علیہ وسلم کو نبوت ملی اور فرشتہ جبریل نے آپ کو خدا کی پہلی وحی پہنچائی تو آپ پر اس کا شدید تاثر تھا۔ یہ واقعہ غار حرا میں پیش آیا تھا۔ آپ وہاں سے اتر کر اپنے مکان پر آئے، اور حضرت خدیجہ سے تمام واقعہ بیان کرکے فرمایا مجھ کو اپنی جان کا خطرہ ہے۔ اس وقت حضرت خدیجہ نے جو جملہ کہا وہ تاریخ میں ان الفاظ میں محفوظ ہے:

کلا واللہ لا یخزیک اللہ ابداً۔ انک لتصل الرحم و تقری الضیف و تحمل الکل و تصدق الحدیث و تکسب المعدوم و تعین علی نوائب الحق۔

(سیرت ابن کثیر جلد اول، ص ۳۸۶)

"ہر گز نہیں، خدا کی قسم اللہ آپ کو کبھی رسوا نہیں کرے گا۔ آپ رشتہ داروں کے حقوق ادا کرتے ہیں۔ مہمانوں کی تواضع کرتے ہیں۔ کمزور کا بوجھ اٹھاتے ہیں اور سچ بات بولتے ہیں۔ ناداروں کی خبر گیری کرتے ہیں اور حق کے معاملے میں ہمیشہ لوگوں کی مدد کرتے ہیں۔"

اس کے بعد حضرت خدیجہ کو یہ خیال ہوا کہ اس بارے میں عیسائی حضرات سے دریافت کریں۔ کیونکہ وہ لوگ آسمانی کتابوں کے حامل ہیں اور وحی اور نبوت کے بارے میں معلومات رکھتے ہیں۔ چنانچہ وہ ایک عیسائی راہب کے پاس گئیں جو مکہ کے قریب رہتے تھے۔ راہب نے انہیں دیکھ کر پوچھا کہ اے قریش کی معزز خاتون، آپ کس لیے

آئی ہیں۔ حضرت خدیجہ نے کہا کہ میں اس لیے آئی ہوں کہ آپ مجھے جبریل کے بارے میں بتائیں کہ وہ کون ہیں۔ راہب نے کہا، سبحان اللہ، وہ خدا کا پاک فرشتہ ہے۔ وہ پیغمبروں کے پاس آتا ہے۔ وہ موسیٰ اور عیسیٰ کے پاس آیا تھا۔

حضرت خدیجہ اس کے بعد ایک اور عیسائی کے پاس گئیں جس کا نام عداس تھا۔ اس سے بھی انہوں نے یہی سوال کیا کہ جبریل کون ہیں۔ عداس نے کہا کہ جبریل خدا کے فرشتے ہیں۔ وہ موسیٰ کے پاس اس وقت تھے جب کہ اللہ نے فرعون کو غرق کیا۔ وہ عیسیٰ پر اترے اور ان کے ذریعہ اللہ نے عیسیٰ کی مدد کی۔

حضرت خدیجہ اس کے بعد ورقہ بن نوفل کے پاس گئیں۔ وہ جاہلیت کے زمانہ میں عیسائی ہو گئے تھے۔ وہ ایک بڑے عالم تھے اور انہوں نے انجیل کا ترجمہ سریانی زبان سے عربی میں کیا تھا۔ ورقہ بن نوفل نے حالات سننے کے بعد کہا: اے خدیجہ، اگر تم نے سچ کہا ہے تو یہ وہی فرشتہ ہے جو عیسیٰ پر آیا تھا، اب وہ محمد کے پاس آیا ہے۔ اس کے بعد حضرت خدیجہ رسول اللہ صلی اللہ علیہ وسلم کو لے کر دوبارہ ورقہ بن نوفل کے پاس گئیں۔ ورقہ نے آپ کی زبان سے حالات سننے کے بعد کہا، آپ کو خوش خبری ہو۔ میں گواہی دیتا ہوں کہ آپ وہی پیغمبر ہیں جن کی مسیح بن مریم نے بشارت دی تھی۔ اس ذات کی قسم جس کے قبضے میں میری جان ہے، قوم آپ کو جھٹلائے گی اور آپ سے لڑے گی۔ اگر میں اس وقت زندہ رہا تو میں ضرور آپ کا ساتھ دوں گا۔ (سیرت ابن کثیر)

***

کامل آزادی

قدیم عرب میں ایک رواج تھا جس کو ظِہار کہتے تھے۔ ایک شخص اپنی بیوی سے غصہ ہو کر کہہ دیتا کہ 'انتِ علیّ کظہر اُمیّ' (تو میرے لیے میری ماں کی پیٹھ کی طرح ہے) جو شخص ایسا کہہ دیتا اس کے متعلق سمجھا جاتا کہ اس کی بیوی اس پر حرام ہو گئی۔

مدینہ میں یہ واقعہ ہوا کہ ایک مسلمان حضرت اوس بن صامت نے کسی بات پر اپنی بیوی خولہ بنت ثعلبہ کو ایسا ہی کہہ دیا۔ اب بظاہر خولہ اپنے شوہر کے لیے حرام ہو گئیں۔ ان کے کئی بچے تھے، ان کو سخت پریشانی ہوئی اور وہ رسول اللہ صلی اللہ علیہ وسلم کے پاس آئیں اور پورا قصہ بتایا۔ اس وقت تک اس بارے میں قرآن میں کوئی حکم نہیں اترا تھا۔ آپ نے فرمایا کہ میں خیال کرتا ہوں کہ تو اب ان کے لیے حرام ہو گئی۔

یہ سن کر حضرت خولہ فریاد اور شکوہ کرنے لگیں کہ گھر ویران ہو جائے گا۔ میری اولاد تباہ ہو جائے گی۔ انہوں نے کہا کہ اے خدا کے رسول، میرے شوہر نے یہ الفاظ تو نہیں کہے کہ میں تم کو طلاق دیتا ہوں۔ رسول اللہ صلی اللہ علیہ وسلم کی طرف سے موافق جواب نہیں ملا تو وہ اللہ کے آگے رونے گڑگڑانے لگیں کہ خدایا مجھے اس مصیبت سے بچا۔ میں تجھی سے اس معاملہ میں فریاد کرتی ہوں۔

اس کے بعد سورۂ مجادلہ اتری جس میں ظہار کے بارے میں اسلام کا حکم بتایا گیا ہے۔ یہ سورہ ان الفاظ سے شروع ہوتی ہے:

"اللہ نے اس عورت کی بات سن لی جو اپنے شوہر کے معاملہ میں تجھ سے جھگڑتی تھی

اور اللہ سے فریاد کر رہی تھی۔ اور اللہ تم دونوں کی باتیں سن رہا ہے، بے شک وہ سننے اور دیکھنے والا ہے۔"

انہیں حضرت خولہ کا واقعہ ہے کہ بعد کے زمانہ میں جبکہ حضرت عمر فاروقؓ اسلامی سلطنت کے خلیفہ تھے۔ ایک روز آپ کہیں جا رہے تھے کہ راستہ میں حضرت خولہ ملیں جو اس وقت بوڑھی ہو چکی تھیں۔ حضرت عمرؓ نے ان کو سلام کیا۔ انہوں نے سلام کا جواب دیا اور پھر کہا: اے عمرؓ، ایک وقت تھا کہ میں نے تم کو عکاظ کے بازار میں دیکھا تھا۔ اس وقت تم عُمیر کہے جاتے تھے۔ تم ہاتھ میں لکڑی لیے ہوئے بکریاں چراتے تھے۔ پھر وہ وقت آیا کہ تم عمر کہے جانے لگے۔ اور اب تم امیر المومنین کہے جاتے ہو۔ دیکھو، رعایا کے معاملہ میں اللہ سے ڈرتے رہنا۔ اور یاد رکھو کہ جو شخص اللہ کی پکڑ سے ڈرتا ہے اس کے لیے دور کا آدمی بھی رشتہ دار کی طرح ہوتا ہے۔ اور جو آدمی موت سے نہیں ڈرتا اس کے بارے میں ڈر ہے کہ وہ اسی چیز کو کھو دے گا جس کو پانا چاہتا ہے۔

اس وقت ایک صاحب حضرت عمر کے ساتھ تھے جن کا نام جارود عبدی تھا، انہوں نے کہا کہ اے عورت، تو نے امیر المومنین کے ساتھ بہت زبان درازی کی۔ حضرت عمر نے کہا: انہیں بولنے دو، تم جانتے ہو یہ کون ہیں۔ یہ وہ ہیں جن کی بات سات آسمانوں کے اوپر سنی گئی، عمر کو تو بدرجۂ اولیٰ ان کی بات سننا چاہیے۔

***

تقسیم کار

اسلام میں عورت اور مرد کے دائرۂ عمل کو الگ الگ رکھا گیا ہے۔ عورت گھر کے لیے اور مرد باہر کے لیے۔ یہ تقسیم نہ صرف اس لیے صحیح ہے کہ حیاتیاتی اور عضویاتی اعتبار سے دونوں صنفوں میں فرق ہے، بلکہ اس میں بہت سے اجتماعی فائدے بھی ہیں۔ ان میں سے ایک فائدہ یہ ہے کہ اس تقسیم کے ذریعہ دونوں کو ایسے قابل اعتماد ساتھی مل جاتے ہیں جو ایک دوسرے کے لیے بہترین مشیر بن سکیں۔

خاندان، نسل انسانی کی اکائی ہے اور معاشرہ اس کا مجموعہ۔ دونوں اپنی اپنی جگہ پر انتہائی اہمیت رکھتے ہیں۔ تجربہ بتاتا ہے کہ زندگی کے ان دونوں میدانوں میں بار بار ایسے گمبھیر مسائل آتے ہیں جن میں وہ شخص بے لاگ رائے قائم نہیں کر پاتا جو خود مسئلہ کے اندر گھرا ہوا ہو۔ ایسے وقت میں ضرورت ہوتی ہے کہ آدمی کے پاس ایک ایسا مشیر ہو جو خود مسئلہ سے متعلق نہ ہو تاکہ اس کی بابت غیر متاثر ذہن کے ساتھ رائے قائم کر سکے۔

عورت اور مرد کے درمیان تقسیم عمل سے یہ فائدہ بہترین طور پر حاصل ہو جاتا ہے۔ عورت اپنے شعبہ میں مصروف ہوتی ہے اور مرد اپنے شعبہ میں۔ اس طرح دونوں ایک دوسرے کے معاملات سے براہ راست طور پر غیر متعلق ہو جاتے ہیں۔ ہر فریق اس پوزیشن میں ہوتا ہے کہ دوسرے فریق کے معاملہ میں غیر متاثر ذہن کے ساتھ سوچے اور اپنے بے لاگ مشوروں سے اس کی مدد کر سکے۔

اس بات کی وضاحت کے لیے یہاں عورت کی زندگی سے چند مثالیں نقل کی جاتی

ہیں۔

۱۔ پیغمبر اسلام صلی اللہ علیہ وسلم پر جب غار حرا میں پہلی وحی اتری تو آپؐ کانپتے ہوئے اپنے گھر تشریف لائے اور فرمایا کہ مجھے کمبل اوڑھا دو۔ گھر والوں نے آپؐ کو کمبل اوڑھا دیا۔ کچھ دیر کے بعد جب آپؐ کی دہشت کم ہوئی تو آپ نے اپنی اہلیہ خدیجہ بنت خویلد سے وہ پورا قصہ بیان کیا جو غار حرا کی تنہائی میں آپ کے ساتھ پیش آیا تھا۔ آپ نے فرمایا: یہ واقعہ اتنا سخت تھا کہ مجھے اپنی جان کا خطرہ پیدا ہو گیا۔ خدیجہؓ کے اس وقت کے الفاظ جو تاریخ نے محفوظ رکھے ہیں وہ ایک رفیقۂ حیات کے کردار کی نہایت اعلیٰ مثال ہیں۔ انہوں نے کہا:

کلا واللہ لا یخزیک اللہ ابداً. انک لتصل الرحم و تحمل الکل وتکسب المعدوم وتقری الضیف وتعین علی نوائب الحق.

"ہرگز نہیں، خدا کی قسم اللہ آپ کو کبھی رسوا نہیں کرے گا۔ آپ رشتہ داروں کے حقوق ادا کرتے ہیں۔ کمزوروں کا بوجھ اٹھاتے ہیں، گمنام لوگوں کو کماتے ہیں، مہمان نوازی کرتے ہیں اور حق کے معاملے میں لوگوں کی مدد کرتے ہیں۔"

۲۔ نبی صلی اللہ علیہ وسلم نے جب قریش مکہ سے وہ معاہدہ کیا جو معاہدہ حدیبیہ کے نام سے مشہور ہے تو صحابہ میں سخت بے چینی پھیل گئی۔ کیونکہ یہ معاہدہ بظاہر دب کر کیا گیا تھا اور اس میں کئی باتیں صریح طور پر مخالفین کے حق میں تھیں۔ لوگوں میں اس قدر غم وغصہ تھا کہ معاہدہ کی تکمیل کے بعد جب آپ نے لوگوں کو حکم دیا کہ قربانی کے جانور جو تم اپنے ساتھ لائے ہو، یہیں ذبح کر دو اور سر منڈالو تو ایک شخص بھی اس کے لیے نہ اٹھا۔ آپؐ نے تین بار اپنے حکم کو دہرایا پھر بھی سب لوگ خاموش رہے اور کوئی اپنی جگہ سے نہ اٹھا۔ آپؐ رنج کی حالت میں وہاں سے لوٹ کر اپنے خیمہ میں گئے جہاں آپؐ کی

اہلیہ ام سلمہؓ موجود تھیں۔ انہوں نے آپ کو غمگین دیکھ کر پوچھا تو آپؐ نے فرمایا کہ آج وہ ہوا جو اس سے پہلے کبھی نہیں ہوا تھا۔ میں نے مسلمانوں کو حکم دیا مگر ان میں سے کوئی بھی میرے حکم کی تعمیل کے لیے نہ اٹھا۔ ام سلمہؓ نے کہا: اے اللہ کے رسولؐ، اگر آپ کی رائے یہی ہے تو آپ میدان میں تشریف لے جائیں اور کسی سے کچھ کہے بغیر اپنا قربانی کا جانور ذبح کریں اور سر منڈا لیں۔ آپؐ خیمہ سے باہر نکلے اور کسی سے کچھ کہے بغیر اپنی قربانی ذبح کی اور نائی کو بلا کر سر منڈایا۔ جب صحابہ نے یہ دیکھا تو سب نے اٹھ کر اپنی اپنی قربانیاں ذبح کیں۔ اگرچہ ان کے رنج و غم کا عالم یہ تھا کہ جب وہ ایک دوسرے کا سر مونڈنے لگے تو ایسا معلوم ہوتا تھا کہ ایک دوسرے کو کاٹ ڈالیں گے۔

خدیجہؓ اور ام سلمہؓ کو ان نازک مواقع پر جو قیمتی بات سوجھی وہ اس لیے سوجھی کہ وہ اصل معاملہ سے الگ تھیں اور اس بنا پر اس پوزیشن میں تھیں کہ غیر متاثر ذہن کے تحت اس کے بارے میں رائے قائم کر سکیں۔ اگر وہ خود بھی معاملہ میں براہ راست شریک ہوتیں تو اس قسم کی بے لاگ رائے قائم کرنا ان کے لیے ممکن نہ ہوتا۔

***

علم اور خاتون

مشہور حدیث ہے کہ 'طلب العلم فریضۃ علی کل مسلم' (علم کو حاصل کرنا ہر مسلمان پر فرض ہے) بظاہر اس حدیث میں صرف مسلم کا لفظ ہے، مسلمہ کا لفظ نہیں ہے۔ مگر علم کا حصول مسلم خواتین پر بھی فرض ہے۔ محدثین نے صراحت کی ہے کہ اس حدیث میں "مسلمہ" کا لفظ بھی تبعاً شامل ہے۔ (ابن ماجہ)

رجال اور طبقات کی کتابوں میں مردوں کی طرح عورتوں کی علمی خدمات کے تذکرے بھی موجود ہیں۔ ان سے معلوم ہوتا ہے کہ دور اول میں خواتین کے درمیان علم کا کافی رواج تھا۔ امام بخاری نے چودہ سال کی عمر میں علم کے لیے سفر کیا تو وہ اس قابل ہو چکے تھے کہ بڑے بڑے اساتذہ سے استفادہ کر سکیں۔ ان کے اندر یہ استعداد ان کی والدہ اور ان کی بہن نے پیدا کی تھی۔ امام ابن جوزی کے متعلق کہا جاتا ہے کہ ان کو ابتدائی تعلیم اپنی پھوپھی سے ملی۔ ابن ابی اصیبعہ کی بہن اور بیٹی علم طب کی ماہر تھیں اور آج کل کی زبان میں "لیڈی ڈاکٹر" تھیں۔ امام ابن عساکر نے فن حدیث کی تعلیم جن اساتذہ سے حاصل کی ان میں ایک سے زیادہ خواتین کے نام بھی آتے ہیں۔

دور اول میں علمی سرگرمی سب سے زیادہ احادیث اور آثار کی روایت کا نام ہوتی تھی۔ اس زمانہ میں ہم دیکھتے ہیں کہ صحابہ کے ساتھ صحابیات اور مردوں کے ساتھ عورتوں نے بھی کثرت سے احادیث کو محفوظ کرنے اور بیان کرنے کا کام کیا ہے۔ حضرت عائشہ نے جس طرح رسول اللہ صلی اللہ علیہ وسلم سے لیے ہوئے بہت سے علوم

امت کو منتقل کیے اسی طرح اس زمانہ میں بہت سی خواتین ہیں جنہوں نے اپنے والدین اور اپنے رشتہ داروں سے روایات بیان کی ہیں جنہوں نے رسول اللہ صلی اللہ علیہ وسلم سے سنا تھا یا آپ کے اصحاب سے علم دین کی کوئی بات پائی تھی۔ ان خواتین نے اپنے رشتہ کے اہل علم سے اسلامی تعلیمات کو سیکھا اور ان کو دوسروں تک پہنچایا۔

***

اسلامی حوصلہ

خنساء (۲۴ھ) اسلامی دور کی شاعرہ ہے۔ اس خاتون کا اصل نام تُماضِر بنت عمرو بن الشرید سُلمیہؓ ہے۔ خنساء اس کا لقب تھا۔ بعد کو وہ اسی سے مشہور ہو گئی۔

وہ ایک بڑے خاندان میں پیدا ہوئی۔ اس کا باپ مضر کے قبیلہ بنو سلیم کا سردار تھا۔ اس کے دو بھائی جاہلی جنگ میں مارے گئے۔ اس کا اسے بہت صدمہ ہوا۔ اپنے بھائیوں کے قتل سے پہلے وہ دو یا تین اشعار سے زیادہ نہ کہتی تھی۔ مگر جب وہ مارے گئے تو اس کی آنکھوں سے آنسو اور دل سے اشعار امنڈنے لگے۔ اس نے دونوں بھائیوں خصوصاً صخر کے لیے انتہائی دردناک مرثیے لکھے۔ وہ برابر مرثیہ کہتی رہی یہاں تک کہ اس کی دونوں آنکھیں جاتی رہیں۔

فتح مکہ کے بعد اپنے قبیلہ کے ساتھ نبی صلی اللہ علیہ وسلم کے پاس آئی اور اسلام قبول کر لیا۔ کہا جاتا ہے کہ آپؐ کو اس نے اپنے کچھ اشعار سنائے تو آپ بہت متاثر ہوئے اور فرمایا: اور سناؤ، چنانچہ اس نے مزید اشعار آپ کو سنائے۔

مگر جوانی کی عمر میں جو عورت اپنے بھائی کی موت کو برداشت نہ کر سکی تھی۔ اسلام نے اس کے اندر وہ طاقت پیدا کی کہ بڑھاپے کی عمر میں اس نے خود اپنے لڑکوں کو خدا کی راہ میں نثار کر دیا۔ اس کے چار جوان بیٹے تھے۔ چاروں کو اس نے جنگ قادسیہ میں جانے کے لیے آمادہ کیا۔ چنانچہ چاروں گئے اور چاروں لڑ کر شہید ہو گئے۔ جب اس کو خبر ملی کہ اس کے چاروں بیٹے ختم ہو گئے تو اس نے رونے یا مرثیہ کہنے کے بجائے نہایت صبر و سکون

کے ساتھ اس خبر کو سنا اور پھر بولی: خدا کا شکر ہے جس نے مجھے ان کی شہادت سے عزت بخشی، میں امید رتی ہوں کہ وہ مجھے ان سے ملادے گا۔

***

جنت کے لیے صبر

عمار، یاسر اور سمیہ کے لڑکے تھے جن کو مکہ میں اسلام دشمنوں نے سخت ترین تکلیفیں پہنچائیں یہاں تک کہ دونوں شہید ہو گئے۔ کہا جاتا ہے کہ مکہ کے ابتدائی دور میں ایک بار نبی صلی اللہ علیہ وسلم آل یاسر کی طرف سے ایسے وقت میں گزرے جب کہ ان پر تشدد کیا جا رہا تھا۔ یاسر کے منہ سے صرف اتنا نکلا:

یا رسول اللہ بس یہ ہے دنیا

روایات میں آتا ہے کہ رسول اللہ صلی اللہ علیہ وسلم نے فرمایا: آل یاسر صبر کرو، تم سے جنت کا وعدہ ہو چکا ہے۔ یاسر اور ان کی بیوی اسلام میں سب سے پہلے مرتبۂ شہادت پر فائز ہوئے۔ ماں باپ کا روح فرسا انجام دیکھنے کے باوجود عمار کے عزم میں کوئی فرق نہ آیا۔ وہ مزید یقین کے ساتھ اسلام پر جم گئے۔ راویان آثار و سیر کا بیان ہے کہ عمار بن یاسر پہلے مکی مسلمان ہیں جنہوں نے اپنے گھر میں مسجد بنائی۔ اسباب نزول کی روایات کے مطابق ذیل کی آیت انہیں کے بارے میں اتری تھی:

"بھلا جو شخص اپنی راتوں کو سجدہ و قیام کی حالت میں گزار رہا ہو، آخرت سے ڈرتا ہو اور اپنے رب کی رحمت کا امیدوار ہو (وہ اور غافل لوگ یکساں ہیں؟) کہو کیا علم والے اور بے علم والے برابر ہو سکتے ہیں؟ وہی لوگ نصیحت پکڑتے ہیں جو عقل والے ہیں۔" (زمر)

***

میدانِ عمل

اسماء بنت ابو بکر ہجرت سے ۲۷ سال پہلے پیدا ہوئیں۔ مکہ میں جب انہوں نے اسلام قبول کیا تو مسلمانوں کی تعداد سترہ تھی۔ حضرت ابو بکر نے نبی صلی اللہ علیہ وسلم کے ساتھ مدینہ ہجرت کی تو ان کے پاس تقریباً چھ ہزار درہم تھے، وہ سب ساتھ لے گئے تھے۔

حضرت ابو بکر کے والد ابو قحافہ جو نابینا ہو گئے تھے۔ بعد کو پوتیوں کے پاس تسلی کے لیے آئے اور کہنے لگے: میرا خیال ہے کہ ابو بکر نے اپنے جانے کا صدمہ بھی تم کو پہنچایا اور مال بھی شاید سب لے گیا۔ اسماء کہتی ہیں کہ میں نے اپنے دادا سے کہا، وہ تو ہمارے لیے بہت کچھ چھوڑ گئے ہیں۔ یہ کہہ کر میں نے چھوٹے چھوٹے پتھر جمع کیے اور اس طاق میں بھر دیے جس میں میرے والد کے درہم پڑے رہتے تھے۔ اور ان کے اوپر ایک کپڑا ڈال کر دادا کا ہاتھ اس کپڑے پر رکھ دیا۔ انہوں نے سمجھا کہ یہ درہم سے بھرا ہوا ہے۔ کہا: خیر، یہ ابو بکر نے اچھا کیا۔ اس سے تم لوگوں کے گزارہ کی صورت ہو جائے گی۔ اسماء کہتی ہیں کہ خدا کی قسم ابا نے کچھ بھی نہیں چھوڑا تھا۔ میں نے صرف دادا کی تسلی کے لیے یہ صورت اختیار کی تھی۔

حضرت اسماء کی شادی حضرت زبیرؓ سے ہوئی تھی۔ اس کے بعد جب دونوں ہجرت کر کے مدینہ پہنچے تو اس وقت جو حال ہوا، وہ صحیح بخاری میں ان کی زبان سے اس طرح نقل ہوا ہے:

جب میرا نکاح زبیر سے ہوا تو ان کے پاس نہ مال تھا نہ جائداد۔ نہ کوئی خادم کام کرنے والا، نہ کوئی اور چیز۔ ایک اونٹ پانی لاد کر لانے کے لیے تھا اور ایک گھوڑا۔ میں ہی اونٹ کے لیے گھاس وغیرہ لاتی تھی اور کھجور کی گٹھلیاں کوٹ کر دانہ کے طور پر کھلاتی تھی۔ میں ہی پانی بھر کر لاتی اور پانی کا ڈول پھٹ جاتا تو اس کو آپ ہی سیتی تھی۔ مجھ ہی کو گھوڑے کی ساری خدمت کرنی ہوتی تھی۔ اس کے ساتھ گھر کا سارا کام بھی انجام دینا ہوتا۔ ان سب کاموں میں گھوڑے کی خبر گیری میرے لیے زیادہ مشقت کی چیز تھی۔ روٹی البتہ مجھ کو اچھی طرح پکانا نہیں آتی تھی۔ اس لیے جب روٹی پکانا ہوتی تو میں آٹا گوندھ کر اپنے پڑوس کی انصار عورتوں کے یہاں لے جاتی۔ وہ بڑی مخلص عورتیں تھیں۔ میری روٹی بھی پکا دیتیں۔

نبی صلی اللہ علیہ وسلم نے مدینہ پہنچنے پر زبیرؓ کو ایک زمین جاگیر کے طور پر دے دی جو مدینہ سے دو میل کے فاصلہ پر تھی۔ میں وہاں کام کے لیے جایا کرتی اور وہاں سے اپنے سر پر کھجور کی گٹھلیاں لاد کر لاتی۔ ایک بار میں اس طرح آرہی تھی اور گٹھری میرے سر پر تھی۔ راستہ میں نبی صلی اللہ علیہ وسلم مل گئے۔ وہ اونٹ پر آرہے تھے اور انصار کی ایک جماعت ساتھ تھی۔ نبی صلی اللہ علیہ وسلم نے مجھے دیکھ کر اونٹ کو ٹھہرایا۔ اور اس کو بیٹھنے کا اشارہ کیا تاکہ میں اس پر بیٹھ جاؤں۔ مجھے مردوں کے ساتھ جاتے ہوئے شرم آئی اور یہ بھی خیال آیا کہ زبیرؓ کو غیرت بہت زیادہ ہے، ان کو یہ ناگوار نہ ہو۔ نبی صلی اللہ علیہ وسلم میرے انداز سے سمجھ گئے کہ مجھ کو اونٹ پر بیٹھتے ہوئے شرم آرہی ہے چنانچہ آگے بڑھ گئے۔

میں گھر پر آئی اور زبیرؓ کو پورا قصہ سنایا۔ میں نے کہا کہ مجھے مردوں کے ساتھ اونٹ پر بیٹھتے ہوئے شرم آئی اور تمہاری غیرت کا بھی خیال آیا۔ زبیرؓ نے کہا، خدا کی قسم، تمہارا

گٹھلیاں سر پر رکھ کر لانا میرے لیے اس سے بھی زیادہ گراں ہے۔

مدینہ کی زندگی میں عورتوں کے اس طرح کے کثرت سے واقعات ملتے ہیں۔ اس وقت عورتیں نہ صرف گھر کا، بلکہ باہر کا بھی اکثر کام کرتی تھیں۔ اس کی وجہ یہ تھی کہ مرد زیادہ تر جہاد اور تبلیغ دین وغیرہ میں مشغول رہتے تھے۔ ان کو موقع نہیں ملتا تھا کہ گھر کی ذمہ داریوں کو ادا کریں۔ چنانچہ ان کی عورتوں نے گھر کے کاروبار کو سنبھال لیا تھا۔ حتی کہ جانوروں کی دیکھ بھال اور زراعت اور باغبانی بھی وہ کرنے لگی تھیں۔

※ ※ ※

عورت کا مقام

"جو لوگ سونا چاندی جمع کر کے رکھتے ہیں اور ان کو خدا کی راہ میں خرچ نہیں کرتے، انہیں سخت عذاب کی خوشخبری دے دو۔" (توبہ ۳۴) قرآن کی یہ آیت اتری تو نبی صلی اللہ علیہ وسلم نے فرمایا: 'تباللذہب تباللفضۃ' (براہو سونے کا اور براہو چاندی کا) یہ بات جب آپ کے اصحاب کو معلوم ہوئی تو تشویش میں پڑ گئے۔ انہوں نے آپس میں کہا: 'فای مال نتخذ' (اب ہم کون سامال جمع کریں) حضرت عمرؓ اس وقت وہاں موجود تھے۔ انہوں نے کہا، اگر تم لوگ پسند کرو تو میں اس کی بابت رسول اللہ صلی اللہ علیہ وسلم سے سوال کروں۔ لوگوں نے کہا، ہاں۔ چنانچہ وہ آپؐ کے پاس گئے اور کہا کہ آپؐ کے اصحاب کہہ رہے ہیں کہ کاش ہم جانتے کہ کون سامال بہتر ہے تو ہم اسی کو جمع کرتے؟ آپ نے فرمایا: لیتخذ احدکم لسانا ذاکراً وقلباً شاکراً وزوجۃ مومنۃ تعین احدکم علیٰ ایمانہ' (تفسیر ابن کثیر جلد ۲ صفحہ ۳۵۱) "تم میں سے ہر ایک یہ کرے کہ یاد کرنے والی زبان اور شکر کرنے والا دل اپنائے اور ایسی بیوی اختیار کرے جو اس کے ایمان پر اس کی مدد کرے۔"

ایک اور روایت میں ایمان کے بجائے آخرت کا لفظ ہے۔

***

عورت ہر میدان میں

ا۔ حضرت ام سلمہؓ ایک بار کسی عورت سے اپنے بال گندھوا رہی تھیں، اتنے میں مسجد سے خطبہ کی آواز آئی۔ نبی صلی اللہ علیہ وسلم فرمارہے تھے: 'ایہاالناس' (اے لوگو) یہ سنتے ہی فرمایا: بس جیسے ہیں ویسے ہی باندھ دو، عورت نے کہا، اتنی جلدی کیا ہے، ابھی تو آپ نے 'ایہاالناس' کہا ہے۔ انہوں نے کہا: خوب، کیا ہمارا شمار آدمیوں میں نہیں؟ یہ کہہ کر خود ہی بال باندھ کر کھڑی ہو گئیں اور قریب ہو کر خطبہ سننے لگیں۔ (طبقات ابن سعد) حضرت ام سلمہؓ کی مرویات کی تعداد ۳۷۸ ہے۔ وہ فتویٰ بھی دیا کرتی تھیں۔ ابن قیم نے لکھا ہے کہ اگر ان کے فتوے جمع کیے جائیں تو ایک رسالہ تیار ہو جائے گا۔

رسول اللہ صلی اللہ علیہ وسلم کی ازواج میں حضرت عائشہؓ سب سے زیادہ ذہین تھیں۔ ان کی مرویات کی تعداد ۲۲۱۰ تک شمار کی گئی ہے۔ ان سے تقریباً ایک سو صحابہ اور تابعین نے روایت کیا ہے۔ عروہ بن زبیر، سعید بن مسیب، عبد اللہ بن عامر، مروق بن اجدع، عکرمہ اور علقمہ جیسے لوگ آپ کے شاگردوں میں شامل ہیں۔ حضرت عائشہؓ ایک اعلیٰ درجہ کی فقیہ تھیں۔ جب کوئی حدیث بیان کرتیں تو اس کی علت وحکمت بھی بیان کر دیتیں۔ حضرت ابو سعیدؓ اور حضرت عبد اللہ بن عمرؓ سے جمعہ کے غسل کے بارے میں صرف اس قدر مروی ہے کہ جمعہ کے دن غسل کرنا چاہیے۔ مگر اسی حدیث کو حضرت عائشہؓ نے بیان کیا تو یہ بھی فرمایا کہ لوگ دور دور کی آبادیوں سے نماز جمعہ کے لیے مدینہ آتے تھے۔ وہ گرد وغبار سے اٹے ہوتے اور پسینہ سے تر ہوتے، اس لیے آپ نے

فرمایا کہ تم لوگ نہالیا کرو۔

۲۔ بنی غفار کی ایک عورت کہتی ہیں کہ میں اپنے قبیلہ کی کچھ عورتوں کے ساتھ رسول اللہ صلی اللہ علیہ وسلم کے پاس آئی۔ آپؐ خیبر کے جہاد کے لیے روانہ ہو رہے تھے۔ ہم نے عرض کیا: اے خدا کے رسولؐ! ہم چاہتے ہیں کہ ہم بھی اس سفر میں آپ کے ساتھ چلیں تاکہ زخمیوں کی مرہم پٹی کریں اور جہاں تک ہو سکے مسلمانوں کی مدد کریں۔ آپؐ نے فرمایا: 'علیٰ برکۃ اللہ' (اللہ برکت دے، چلو) انصاری خاتون ام عطیہؓ کہتی ہیں کہ میں نے رسول اللہ صلی اللہ علیہ وسلم کے ساتھ سات غزووں میں شرکت کی ہے۔ میں مجاہدین کے کجاووں کی دیکھ بھال کے لیے پیچھے رہتی، ان کے لیے کھانا پکاتی، زخمیوں کا علاج کرتی اور مصیبت زدوں کی نگرانی کرتی۔ اسماء بنت یزید بن سکن حضرت معاذ بن جبلؓ کے چچا کی بیٹی تھیں ان کی بابت حضرت مہاجرؓ بتاتے ہیں کہ انھوں نے جنگ یرموک میں خیمہ کی لکڑی سے نو رومیوں کو قتل کیا۔

۳۔ مدینہ کے یہودیوں سے جنگ کے زمانہ کا واقعہ ہے۔ عورتوں اور بچوں کو ایک قلعہ کی چھت پر جمع کر کے حسان بن ثابتؓ کو ان کی دیکھ بھال کے لیے وہاں رکھا گیا۔ صفیہ بنت عبد المطلب بھی اسی قلعہ کی چھت پر تھیں۔ وہ بیان کرتی ہیں کہ ہمارے قریب سے ایک یہودی گزرا اور ہمارے قلعہ کا چکر لگانے لگا۔ اس وقت بنی قریظہ سے جنگ چھیڑ رکھی تھی۔ اس وجہ سے ہمارے اور رسول اللہ صلی اللہ علیہ وسلم کے درمیان راستہ کٹ گیا تھا اور وہاں کوئی نہیں تھا جو یہود کے مقابلے میں ہماری مدافعت کرے۔ رسول اللہ صلی اللہ علیہ وسلم اور تمام مسلمان دشمن کے مقابلہ پر تھے، وہ ان کو چھوڑ کر ہماری طرف نہیں آسکتے تھے۔ اتنے میں آنے والا یہودی سامنے سے گزرا۔ میں نے کہا: اے حسان! دیکھو یہ یہودی ہمارے قلعہ کا چکر لگا رہا ہے اور میں خدا کی قسم اس سے مامون

نہیں۔ کہیں وہ ہماری اس غیر محفوظ حالت کو یہودیوں سے جا کر کہہ نہ دے اور نبی صلی اللہ علیہ وسلم اور آپ کے اصحاب جنگ میں مشغول ہیں۔ پس اترو اور اس کو جا کر قتل کر دو۔ حسان بن ثابتؓ نے کہا: 'واللہ لقد عرفتِ ما انا بصاحب ہذا' (خدا کی قسم، تم کو معلوم ہے کہ میں اس کام کا نہیں)۔ وہ کہتی ہیں کہ جب انہوں نے مجھ کو یہ جواب دیا اور میں نے ان کے پاس مارنے کی کوئی چیز نہ دیکھی تو میں نے کمر سے کپڑا کسا اور ایک لکڑی ہاتھ میں لی۔ پھر قلعہ سے اتر کر اس کے پاس پہنچی اور اس لکڑی سے اس کو مارنا شروع کیا۔ یہاں تک کہ میں نے اس کو ہلاک کر دیا۔ پھر جب میں اس سے فارغ ہو گئی تو قلعہ میں واپس آئی اور حسان بن ثابت سے کہا کہ قلعہ سے اتر کر جاؤ اور اس کا سامان لاؤ۔ میں صرف اس لیے اس کا سامان اتارنے سے رک گئی کہ وہ مرد تھا۔ حسان بن ثابت نے کہا: اے عبد المطلب کی بیٹی! مجھے اس کے سامان کی ضرورت نہیں۔ (البدایہ والنہایہ جلد ۴ صفحہ ۱۰۸)

***

خدا کی مدد

ہجرت کے چھٹے سال حدیبیہ کے مقام پر جو دس سالہ معاہدہ کیا گیا، اس کی دفعہ یہ تھی:
"قریش کا جو شخص اپنے ولی کی اجازت کے بغیر بھاگ کر محمد صلی اللہ علیہ وسلم کے پاس جائے گا، اس کو آپ واپس کر دیں گے اور آپؐ کے ساتھیوں میں سے جو شخص قریش کے پاس چلا جائے گا اس کو وہ واپس نہ کریں گے۔"

اس معاہدے کی تکمیل کے وقت قریش کی نمائندگی سہیل بن عمرو کر رہے تھے، معاہدہ ابھی لکھا ہی جا رہا تھا کہ سہیل بن عمرو کے لڑکے ابو جندل آ گئے۔ وہ مسلمان ہو گئے تھے مگر مکہ والوں نے ان کو قید کر رکھا تھا۔ مکہ سے حدیبیہ (موجودہ شمیسی) تک ۱۳ میل کا فاصلہ طے کر کے وہ اس طرح آپ کے کیمپ میں پہنچے کہ اب بھی ان کے پیروں میں بیڑیاں تھی اور جسم پر مار پیٹ کے نشانات تھے۔ انہوں نے آپ سے فریاد کی کہ مجھ کو اس قید سے نجات دلائی جائے۔ صحابہ کے لیے بھی اپنے مومن بھائی کی یہ حالت دیکھ کر ضبط کرنا مشکل ہو گیا۔ مگر سہیل بن عمرو نے کہا کہ معاہدہ کی تحریر چاہے مکمل نہ ہوئی ہو، شرائط تو ہمارے اور آپ کے درمیان طے ہو چکی ہیں۔ اس لیے ابو جندل کو ہمارے حوالہ کیا جائے۔ رسول اللہ صلی اللہ علیہ وسلم نے اس دلیل کو تسلیم کرتے ہوئے ابو جندل کو ان کے حوالہ کر دیا۔ اور وہ روتے ہوئے مکہ واپس گئے۔ اسی طرح ابو بصیر اور دوسرے مسلمان جو قریش کی قید سے بھاگ کر مدینہ آئے، ان کو حسب معاہدہ قریش کو واپس کیا جاتا رہا۔ مگر اس کے برعکس مسلمان عورتوں کے معاملہ میں اس اصول کی

پابندی نہیں کی گئی۔ قرآن میں آیت اتری:

"اے ایمان والو! جب مومن عورتیں ہجرت کر کے تمہارے پاس آئیں تو ان کی جانچ کر لو، پھر جب تمہیں معلوم ہو جائے کہ وہ مومن ہیں تو ان کو کفار کی طرف واپس نہ کرو۔"(الممتحنہ ۱۰)

اس سلسلہ میں، مثال کے طور پر یہ واقعہ آتا ہے کہ ام کلثوم بنت عقبہ بن ابی معیط مکہ سے نکل کر مدینہ پہنچیں، مکہ والوں کو معلوم ہوا تو انہوں نے معاہدہ کا حوالہ دے کر ان کی واپسی کا مطالبہ کیا۔ ام کلثوم کے دو بھائی ولید بن عقبہ اور عمارہ بن عقبہ انہیں واپس لے جانے کے لیے مدینہ آئے۔ اس کے باوجود ان کو واپس نہیں کیا گیا۔

بظاہر یہ معاہدہ کی خلاف ورزی تھی۔ اور قریش کے لیے زبردست موقع تھا کہ وہ آپؐ کی بدعہدی کا شور مچا کر آپؐ کو بدنام کریں۔ مگر قریش آپ کے ساتھ انتہائی دشمنی کے باوجود بالکل خاموش ہو گئے انہوں نے اس کے خلاف احتجاج تک نہ کیا۔ ایسا کیوں ہوا؟ سیرت اور تفسیر کی عام کتابوں میں اس کا کوئی جواب نہیں ملتا۔ قاضی ابو بکر ابن عربی نے لکھا ہے کہ قریش اس لیے خاموش ہو گئے کہ اللہ تعالیٰ نے بطور معجزہ اس معاملہ میں ان کی زبان بند کر دی تھی۔ بلاشبہ یہ اللہ تعالیٰ کی مدد تھی۔ مگر ان معنوں میں نہیں جن معنوں میں لفظ "معجزہ" عام طور پر بولا جاتا ہے۔

معاہدہ کے الفاظ پر غور کر کے اس کی حقیقت سمجھی جا سکتی ہے۔ دوسری اکثر روایات کی طرح معاہدۂ حدیبیہ کی شرائط بھی اکثر راویوں نے اپنے اپنے الفاظ میں بیان کی ہیں۔ مثال کے طور پر زیر بحث شرط کے متعلق مختلف روایتوں کے الفاظ ملاحظہ ہوں:

من جاء منکم لم نردہ علیکم و من جاء کم منا رددتموہ علینا.

من اتی رسول اللہ من اصحابہ بغیر اذن ولیہ ردہ علیہ.

من اتی محمداً من قریش بغیر اذن ولیہ ردہ علیہم.

علیٰ ان لا یاتیک منا رجل وان کان علیٰ دینک الارددتہ الینا.

آخری روایت بخاری (کتاب الشروط، باب الشروط فی الجہاد والمصالحہ) کی ہے اور باعتبار سند قوی ہونے کی بنا پر کہا جاسکتا ہے کہ غالباً معاہدہ کی مذکورہ شرط کے اصل الفاظ یہی تھے۔ اگر یہ مان لیا جائے تو اس فقرہ میں 'رجل' (مرد) کے لفظ نے مسلمانوں کو موقع دیا کہ وہ مکہ سے آئی ہوئی مسلم خواتین کو اس دفعہ سے مستثنیٰ قرار دے سکیں۔

معاہدہ کی یہ شرط مسلمانوں کی طرف سے نہ تھی بلکہ مکہ والوں کی طرف سے تھی۔ ان کی جانب سے سہیل بن عمرو نے معاہدہ میں دفعہ کے یہ الفاظ لکھوائے تھے۔ ہوسکتا ہے کہ دفعہ کے الفاظ لکھواتے وقت سہیل کے ذہن میں "کوئی شخص" کا مفہوم ہو جس میں عورت اور مرد دونوں شامل ہوتے ہیں، مگر اپنے اس ذہنی مفہوم کو لفظ کی شکل دیتے ہوئے اس کی زبان سے جو لفظ نکلا وہ "رجل" تھا جو عربی زبان میں صرف مرد کے لیے بولا جاتا ہے۔ غالباً یہی وجہ ہے کہ ام کلثوم بنت عقبہ کے مدینہ پہنچنے کے بعد جب ان کے بھائی رسول اللہ صلی اللہ علیہ وسلم کی خدمت میں حاضر ہوئے اور اپنی بہن کی واپسی کا مطالبہ کیا تو امام زہری کی روایت کے مطابق، آپ نے ان کو واپس دینے سے انکار کر دیا اور فرمایا: 'کان الشرط فی الرجال دون النساء' (شرط مردوں کے بارہ میں تھی نہ کہ عورتوں کے بارہ میں) احکام القرآن لابن عربی، تفسیر رازی۔

ایسا معلوم ہوتا ہے کہ اس واقعہ سے پہلے تک خود قریش غالباً اس غلط فہمی میں تھے کہ معاہدہ کی یہ دفعہ ہر طرح کے مہاجرین کے بارے میں ہے خواہ وہ مرد ہو یا عورت۔ مگر جب آپؐ نے توجہ دلائی کہ معاہدہ میں 'رجل' (مرد) کا لفظ لکھا ہوا ہے تو انہیں اپنی غلطی کا احساس ہوا۔ اللہ تعالیٰ نے ایک لفظ کے ذریعہ مسلم خواتین کو ذلت کی واپسی سے بچالیا۔

* * *